Ethik

3

Grundschule

Ein Schülerbuch
für das 3. Schuljahr

Herausgegeben von:
Udo Balasch
Barbara Brüning

Erarbeitet von:
Udo Balasch
Barbara Brüning
Thomas Trautmann

Cornelsen

Inhalt

Ich bin ich

Stärken und Schwächen 6/7
Bis hierher und nicht weiter! 8/9
Mädchen und Junge 10/11
Fröhlich oder traurig 12/13
Was mach ich, wenn
die Wut mich packt? 14/15
Träume von einer
anderen Welt 16/17

Miteinander leben

Freunde und Freundinnen 20/21
Füreinander da sein 22/23
Konflikte lösen 24/25
Jeder Mensch macht Fehler . . 26/27
Sprechen und verstehen 28/29
Die goldene Regel 30/31

Bei uns und anderswo

Kinder hier und anderswo 34/35
Was ist das – eine Religion? . . 36/37
Judentum – Christentum –
Islam 38/39
Freiwillig etwas tun 40/41
Was ist gerecht? 42/43
Für eine bessere Welt 44/45

Wir in der Welt

Wie ist die Welt
entstanden? 48/49
Derselbe Sommer
kommt nicht wieder 50/51
Wer bestimmt über
meine Zeit? 52/53
Großmama stirbt 54/55
Der letzte Baum 56/57
Woraus besteht die Welt? . . . 58/59
Der Weg 60/61

Glossar 62/63

 Aufgaben
zum Nachdenken
und Bearbeiten

Aufgaben zum
Philosophieren

 Glossarwort,
siehe Seite 62/63

Ich bin ich

Warum bin ich eigentlich ich?

Wenn mein Vater nicht meine Mutter geheiratet hätte,
was wäre dann?
Wäre ich dann auch ich?
Wäre ich dann ein Junge oder ein Mädchen?

Warum bin ich ich?
Warum bin ich nicht ein anderer?
Warum habe ich die Nase, die Ohren,
warum die Haare und die Hautfarbe?
Warum bin ich so?

Warum bin ich so, wie ich bin?
Jetzt meine ich nicht meine Nase,
die Hautfarbe oder meine Haare.
Ich meine:

dass ich gerne Gurken esse,
dass ich Trompete gerne höre,
dass ich gerne lange schlafe,
dass ich den Udo nicht mag,
dass ich schlecht schreiben kann,
dass ich Angst bekomme,
wenn ich ein trauriges Bild sehe,
dass ich schnell wütend werde.
Warum bin ich ich.

Richard Meier

Stärken und Schwächen

Das sind Stärken:

Marie kann gut am Computer schreiben.

Jonas baut tolle Sachen.

Ich kann nicht gut singen!

Clara löst ganz leicht Sudokus.

Vielleicht kann ich etwas und weiß es noch gar nicht.

Wenn jemand etwas besonders gut kann oder weiß, dann sind das seine Stärken. Marie kann besonders gut am Computer schreiben und Jonas baut tolle Drachen.

Wenn jemand etwas nicht so gut kann, zum Beispiel nicht so gut lesen, dann nennen wir das Schwächen.

Jeder Mensch hat Stärken und Schwächen.

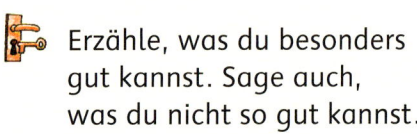

- Erzähle, was du besonders gut kannst. Sage auch, was du nicht so gut kannst.
- Überlegt gemeinsam, wie ihr Schwächen überwinden könnt.
- Ist alles, was wir nicht können, eine Schwäche?

Die Welt kennen lernen

Wie habt ihr sprechen gelernt? Eure allerersten Wörter waren vielleicht „Papa" oder „Mama". Warum habt ihr gerade diese Wörter gesprochen? Weil eure Eltern sich um euch gekümmert haben. Somit gab es in eurer Welt zunächst nur Papa und Mama, das Fläschchen, den Schnuller, den leeren Magen, der zwickte …

Ihr habt nach und nach auch gelernt, die Dinge eurer Welt zu benennen. Ihr seid herumgekrabbelt und habt alles angefasst. Dadurch konntet ihr auch die Welt kennen lernen.

(nach Roland Simon-Schaefer, Philosoph)

- Fragt eure Eltern, welche Wörter ihr zuerst sprechen konntet. Gestaltet dazu ein gemeinsames Plakat: Meine ersten Wörter waren …

- Babys lernen die Welt kennen, weil sie herumkrabbeln und alles anfassen. Wie lernt ihr heute als größere Kinder die Welt kennen?

Begriffe verstehen, mit Gedanken spielen

Bis hierher und nicht weiter!

Menschen können nicht einfach machen, was sie wollen. Es gibt Grenzen für ihr Handeln – zum Beispiel Regeln im Verkehr oder Absprachen in der Familie.

Manche Menschen setzen sich aber auch selbst Grenzen. So traut sich der eine nicht, über einen Kasten zu springen, der andere streichelt kein Pferd. Man muss oft sehr viel Kraft aufbringen, eigene Grenzen zu überwinden.

 An welche Grenzen stößt du manchmal?

 Worauf weisen die Grenzen auf dem Bilder hin?

 Welche Grenze könnte man überwinden? Ist es sinnvoll, diese Grenze zu überwinden?

argumentieren, mit Gedanken spielen

Das kleine NEIN

Das kleine NEIN sitzt auf einer Bank im Park und isst Schokolade. Es ist wirklich sehr klein, richtig winzig, und ganz leise.
Da kommt eine große, dicke Frau und fragt: *„Darf ich mich zu dir setzen?"*
5   Das kleine NEIN flüstert leise: „Nein, ich möchte lieber allein sein."
Die große, dicke Frau hört gar nicht hin und setzt sich auf die Bank. Da kommt ein Junge angerannt und fragt: *„Darf ich deine Schokolade haben?"*
Das kleine NEIN flüstert wieder: „Nein, ich möchte sie gern selbst essen."
Aber auch der Junge hört nicht, nimmt dem kleinen NEIN die Schokolade
10 weg und beginnt zu essen.
Da kommt ein Mann vorbei, den das kleine NEIN schon oft im Park gesehen hat, und sagt: *„Hallo, Kleine. Du siehst aber nett aus, darf ich dir einen Kuss geben?"*
Das kleine NEIN flüstert zum dritten Mal: „Nein, ich will keinen Kuss."
15 Aber auch der Mann scheint nicht zu verstehen, geht auf das kleine NEIN zu und macht schon einen Kussmund.
Nun verliert das kleine NEIN aber endgültig die Geduld. Es steht auf, reckt sich in die Höhe und schreit aus vollem Hals: „NEIN!" Und nochmals: „NEIN, NEIN, NEIN! Ich will allein auf meiner Bank sitzen,
20 ich will meine Schokolade selbst essen und ich will nicht geküsst werden. Lasst mich sofort in Ruhe!"
Die große, dicke Frau, der Junge und der Mann machen große Augen: *„Warum hast du das nicht gleich gesagt?"*, und gehen weiter ihrer Wege.
Und wer sitzt jetzt auf der Bank? Nein, nicht ein kleines NEIN, sondern
25 ein großes NEIN. Es ist groß, stark und laut, und es denkt: „So ist das also. Wenn man immer leise und schüchtern nein sagt, hören die Leute nicht hin. Man muss schon laut und deutlich nein sagen."
So ist aus dem **kleinen NEIN** ein **großes NEIN** geworden.

Gisela Braun

 Erzählt, wie sich das kleine NEIN verändert hat.

 Berichtet von Situationen, in denen ihr auch „nein" gesagt habt.

Mädchen und Junge

Robin und Alex

Zu Hause hat Mama als Erstes das Klappbett aus Robins Zimmer ins Wohnzimmer getragen. Zum Glück hat sie nichts dazu gesagt. Das wäre ja auch wirklich peinlich gewesen. Und jetzt bereitet sie in der Küche das Abendbrot vor und Robin und Alex sollen sich ein bisschen unterhalten. Aber Robin hat keine Ahnung, worüber. Mama versteht wirklich überhaupt nichts von Kindern. Man kann sich doch nicht einfach mit einem fremden Jungen unterhalten! Und wo Robin außerdem die ganze Zeit gedacht hat, er ist ein Mädchen!
Alex starrt immer nur auf ihren Teppich. Dann guckt er sie plötzlich an. „Scheiße, oder?", sagt er.

Kirsten Boje

Und wenn Alex ein Mädchen gewesen wäre?

 Gestaltet in Kleingruppen ein Rollenspiel: Robin und Alex treffen sich auf dem Bahnhof.

 Wie könnte die Geschichte zwischen Robin und Alex weitergehen?

 Typisch Junge – typisch Mädchen? Gibt es das?

mit Gedanken spielen

Verliebt?

He, guckt mal, die beiden sind verliebt!

🔑 Könnten die beiden verliebt sein? Woran erkennt ihr das?

🔑 Stellt euch vor, ihr wärt der Junge oder das Mädchen. Was würdet ihr den anderen Kindern antworten? Sammelt Ideen an der Tafel.

Weitere Ideen findet ihr im Internet unter:
www.blinde-kuh.de → Mädchen und Jungen

wahrnehmen und beschreiben,
mit Gedanken spielen

Fröhlich oder traurig

Die amerikanische Philosophin Martha Nussbaum unterrichtet in Chicago. Das liegt in Nordamerika. Sie hat ein Buch über Gefühle geschrieben.
Darin sagt sie, dass die Freude zu den wichtigsten Gefühlen gehört. Menschen sollten versuchen, mindestens einmal am Tag Freude zu empfinden.

Dieses Kind drückt seine Freude durch einen Luftsprung aus.

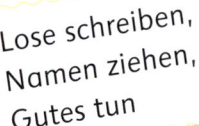
Lose schreiben, Namen ziehen, Gutes tun

 Wie drückst du deine Freude aus? Zeigt es in einer Pantomime*.

 Projektvorschlag „Heinzelmännchen* spielen"
Überlegt, womit ihr eurem Nachbarn oder eurer Nachbarin in der nächsten Woche eine Freude machen könnt. Wenn ihr eine Idee habt, dann setzt sie *unbemerkt* um. Spielt einfach Heinzelmännchen.

 Und danach: Wie fühlt sich Freude an?

Das Bild hat der Maler Pablo Picasso gemalt. Es heißt „Kind mit Taube".

Pablo Picasso (1901)

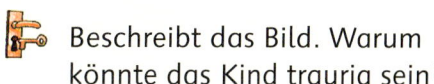 Beschreibt das Bild. Warum könnte das Kind traurig sein?

Erzählt von Situationen, in denen ihr traurig gewesen seid.

Wer hat dich getröstet? Sammelt in Partnerarbeit Trostworte wie „Das ist mir auch schon passiert", „Sei nicht traurig".

wahrnehmen und beschreiben, Gespräche führen

Was mach ich, wenn die Wut mich packt?

Torben hat ein Problem

Was ist denn mit dir los, Torben?

Ich bin so sauer auf meinen Bruder Bastian.

Wutfrage

Wie verhältst du dich, wenn du wütend bist?
Zeigst du den anderen deine Wut?
Warum? Warum nicht?
Wann zeigst du deine Wut zum Beispiel nicht?
Wann bist du gern auch mal wütend?
Wann sollten Menschen auch mal richtig wütend sein?
Diskutiert: Ist Wut ein schlechtes Gefühl?

 Beantworte in deinem Heft mindestens zwei Fragen.

 Fädelt eine Gedankenkette in der Klasse: Wenn ich wütend bin, dann ... Jeder von euch muss etwas hinzufügen. Keiner darf wiederholen, was jemand schon gesagt hat. Die Kette bricht ab, wenn jemand etwas wiederholt oder nichts sagen kann.

Gespräche führen, mit Gedanken spielen

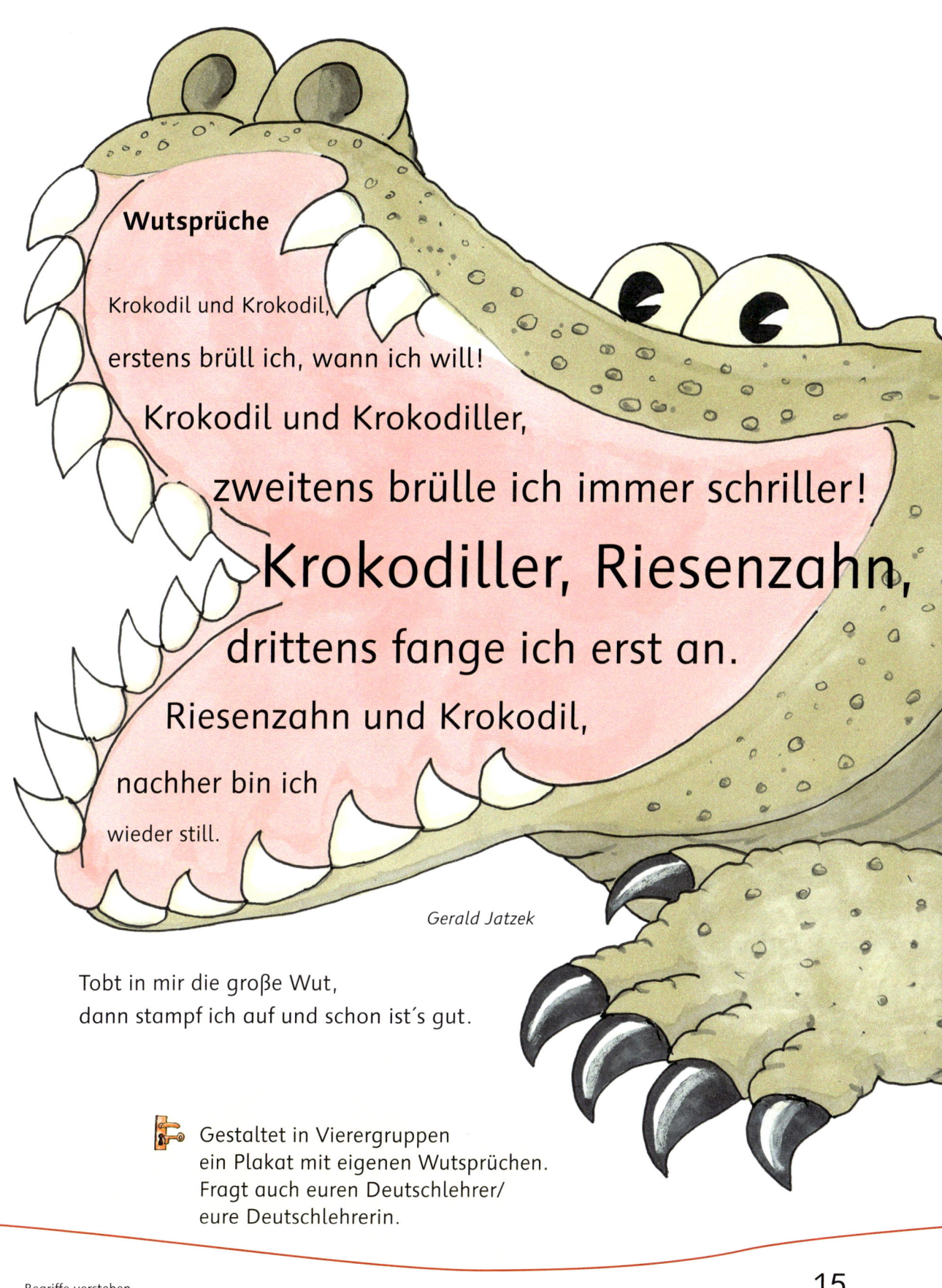

Wutsprüche

Krokodil und Krokodil,
erstens brüll ich, wann ich will!
Krokodil und Krokodiller,
zweitens brülle ich immer schriller!
Krokodiller, Riesenzahn,
drittens fange ich erst an.
Riesenzahn und Krokodil,
nachher bin ich
wieder still.

Gerald Jatzek

Tobt in mir die große Wut,
dann stampf ich auf und schon ist's gut.

Gestaltet in Vierergruppen
ein Plakat mit eigenen Wutsprüchen.
Fragt auch euren Deutschlehrer/
eure Deutschlehrerin.

Begriffe verstehen,
mit Gedanken spielen

Träume von einer anderen Welt

M. C. Escher (1953)

Ich möchte so gerne Dinge erfinden, die es überhaupt noch nicht gibt.

 Tauche in das Bild von Escher ein. Was fällt dir auf? Gibt es Dinge, die unmöglich sind? Begründe.

 Male deine eigene Fantasiewelt. Legt eure Zeichnungen in einen Kreis und erratet jeweils, was „euch durch den Kopf gegangen ist".

 Male etwas, das nicht geht.

Der Maler Maurits Cornelis Escher hat viele Dinge gemalt, die es so nicht gibt: Das Wasser fließt bergauf oder ein Baum steht auf dem Kopf. Er wollte uns dadurch anregen, auch mal in eine Fantasiewelt einzutauchen.

argumentieren, mit Gedanken spielen

Die Schule von morgen

Harry, Maria und Mark sind Freunde, die immer ganz verrückte Ideen im Kopf haben.
Eines Tages denken sie darüber nach, wie die Schule von morgen aussehen könnte.

„Warum sollen Kinder eigentlich in die Schule gehen?", fragte Harry seine Freunde.
„Wir sollen etwas lernen, deshalb gehen wir zur Schule", sagte Maria.
„Ist das der Grund?", fragte Harry.
„Und was sollen wir lernen?" „Antworten auf wichtige Fragen?", meinte Maria. „Besser wäre es, erst einmal Fragen zu stellen", meinte Mark. Während seine Freunde miteinander redeten, schaute Mark eine Zeit lang Tauben im Gras zu und antwortete dann:
„Interessiert es euch, in welche Art von Schule ich gerne gehen würde?"

(nach Matthew Lipman – sprich: Mäßjuh Lipmän –, Philosoph)

- Was findest du an deiner Schule toll, was sollte unbedingt bleiben?
- Was müsste anders sein, damit sie dir noch besser gefällt?
- Wie sieht für dich eine Schule von morgen aus? Bastelt sie (z. B. aus einem Schuhkarton).

Miteinander leben

Du und ich

Du bist anders als ich,
ich bin anders als Du.
Gehen wir auf einander zu,
schauen uns an,
5 erzählen uns dann,
was Du kannst,
was ich nicht kann.
Was ich treibe,
was Du so machst.
10 Worüber Du weinst,
worüber Du lachst.
Ob Du Angst hast in der Nacht.
Welche Sorgen ich trage.
Welche Wünsche Du hast.
15 Welche Farbe ich mag.
Was traurig mich stimmt,
was Freude mir bringt.
Wer was bei uns kocht,
wer was wie bei uns singt …
20 Und plötzlich erkennen wir
– waren wir blind? –,
dass wir innen uns
äußerst ähnlich sind.

Karlhans Frank

Freunde und Freundinnen

Das Treffen

Marie Beshkirtseff (1884)

 Welche Geschichte fällt dir zu dem Gemälde ein?

 Treffen sich hier Freunde?

 Was gehört für dich zu einer guten Freundschaft?

mit Gedanken spielen, Empathie entwickeln

Der Schulpokal

Die Klasse 3c hatte den Schulpokal gewonnen und war im Radio.
Der Reporter fragte, ob denn alle in der Klasse Freunde seien.
Darauf bekam er ganz erstaunliche Antworten:

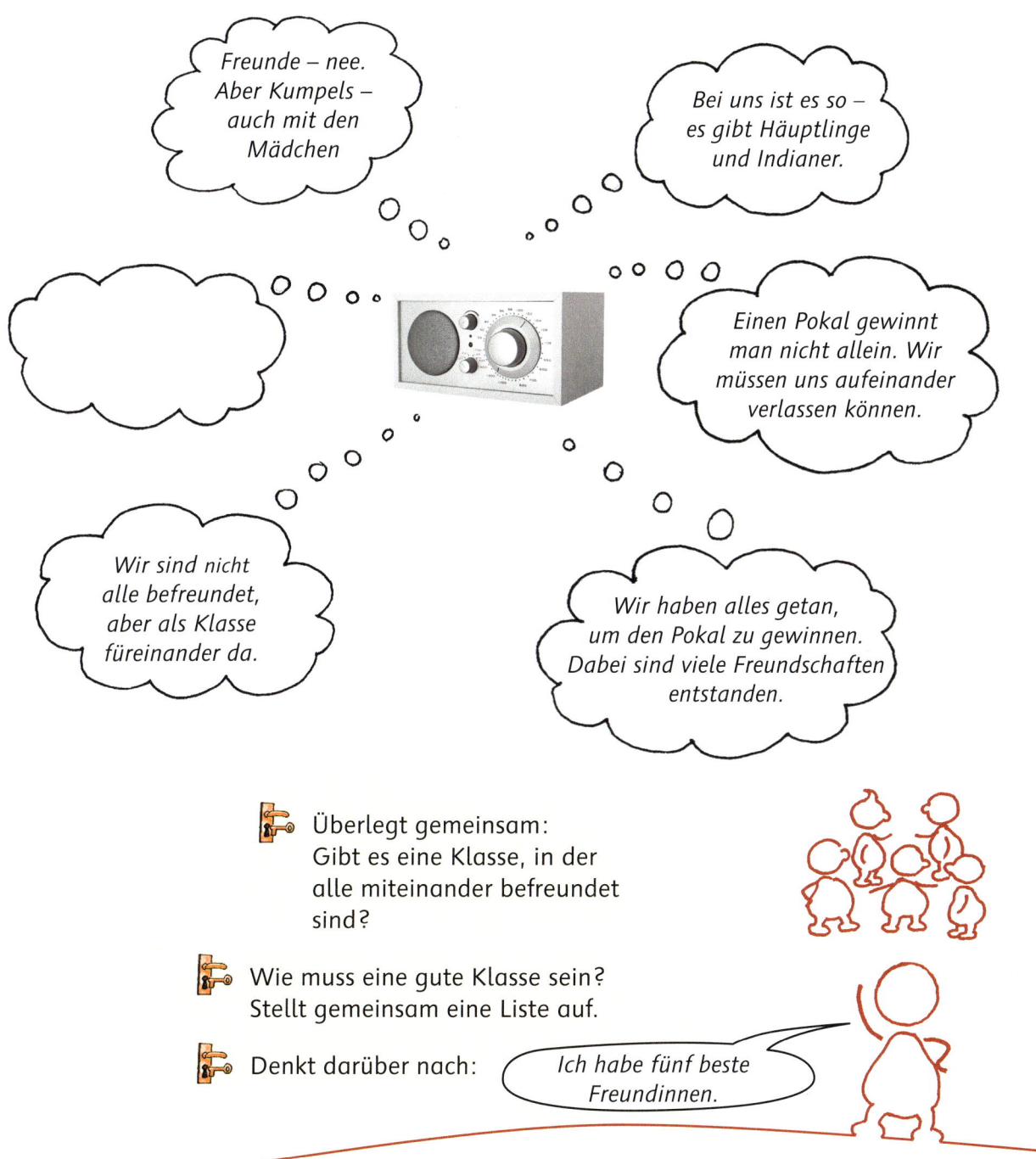

- Überlegt gemeinsam:
  Gibt es eine Klasse, in der alle miteinander befreundet sind?

- Wie muss eine gute Klasse sein? Stellt gemeinsam eine Liste auf.

- Denkt darüber nach: *Ich habe fünf beste Freundinnen.*

Gespräche führen, argumentieren

Füreinander da sein

Undankbar?

Ich bin Annas Freundin.
Ich hole sie ab.
Ich erzähle ihr alles.
Ich sitze neben ihr.
Ich mach für sie Hausaufgaben.
Ich sage, was wir spielen.
Ich suche alles für uns aus.
Ich überlege mir, wer zu Anna passt.
Ich plane die Radtour.
Ich sage, wo es langgeht.

I c h   m a c h e   w i r k l i c h   a l l e s.

Und stellt euch mal vor:
Heute hat sie mir gesagt,
dass sie nicht mehr
meine Freundin sein will.

I s t   d i e   u n d a n k b a r!

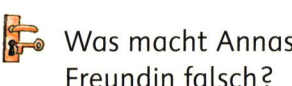 Was macht Annas Freundin falsch?

 Was heißt Verantwortung für einen Freund oder eine Freundin zu übernehmen?

 Erst wenn man einen Freund freilässt, bleibt er.

Eine alte Freundin?

Jonas wohnt im Hochhaus.
Mama arbeitet.
Papa ist auf Montage*.

Neulich hat ihn Henny mit
zu Greta genommen.
Greta ist alt. Bestimmt 55 Jahre.
Sie kocht guten Kakao.
Greta wohnt in einer Laube
neben der Hochhaussiedlung.
Sie hat eine Katze, Kaninchen
und einen großen Vogelkäfig
voller Wellensittiche.
„Meine Voliere*", sagt sie.

Jonas geht nun oft zu Greta.
Auch ohne Henny.

Jonas streichelt die Katze. Er macht die Kaninchenställe sauber.
Er erwähnt Marie, die er mag, und schimpft über Dennis, den er
nicht leiden kann.
Greta erzählt ihm von früher. Sie ist allein und hat niemanden zum
Reden. Greta will auch nicht wissen, wie es in der Schule war.
Greta ist wie eine alte Freundin.

Sammelt in Kleingruppen Gründe:
Können Kinder und Erwachsene
miteinander befreundet sein?

Hast auch du einen „alten" Freund?

argumentieren,
Gespräche führen

Konflikte lösen

Das Kartenspiel

- Kjell hat mich beim Kartentausch übers Ohr gehauen …
- Ich laufe schnell weg.
- Ich versuche den Grund dafür zu verstehen.
- Ich entschuldige mich.
- Ich will noch nicht ins Bett gehen, obwohl Mama schon drei Mal gemahnt hat …
- Ich fange gleich an zu prügeln.
- Ich fange an zu weinen.
- Ich hab beim Fußball den Blumenkasten zerschossen …
- Ron und Steve haben sich gehauen und ich soll jetzt sagen, wer angefangen hat …
- Ich habe meine beste Freundin Anna nicht abschreiben lassen …

🗝 Untersuche die Konflikte* und möglichen Lösungen. Wie würdest du dich verhalten?

🗝 Gibt es noch andere Lösungen?

🚪 Überlegt gemeinsam: Streit entsteht – Streit vergeht?

Gibt es für alle Konflikte Lösungen?

Begriffe verstehen, entscheiden und beurteilen

Nicht die ganze Wahrheit

Aljoscha und Dani gehen gemeinsam heim.
„Du", sagt Dani, „ich habe Frau Zander heute
nicht die ganze Wahrheit gesagt."
„Hä?" Aljoscha versteht nichts.
Dani erklärt: „Die Klassenreise – Frau Zander wollte
doch wissen, ob wir unsere Eltern gefragt haben.
Ich habe es einfach vergessen. Gesagt habe ich,
ja – ich darf mit."
Aljoscha denkt nach: „Nee, Dani, das war eine Notlüge."
Dani schüttelt den Kopf: „Ich habe es im Gefühl, dass ich
mitdarf. Also ist Mamas und Papas Erlaubnis schon halb
da. Deshalb ist es eine halbe Wahrheit."
„Es war eine Notlüge", beharrt Aljoscha, „denn du warst
in Not und da hast du was erzählt, das nicht stimmt."
Inzwischen sind beide stehen geblieben.
„Interessant", funkelt Dani Aljoscha an, „dann erkläre
mir doch bitte mal …

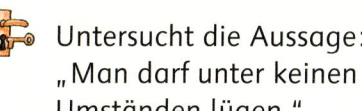 Was würdest du Dani sagen?

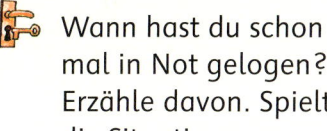 Untersucht die Aussage: „Man darf unter keinen Umständen lügen."

Wann hast du schon mal in Not gelogen? Erzähle davon. Spielt die Situation vor.

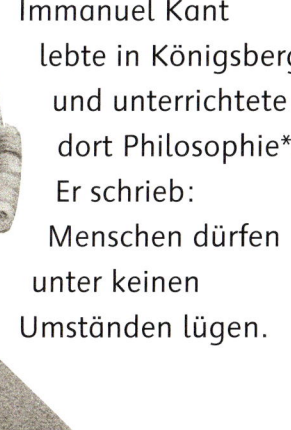

Immanuel Kant lebte in Königsberg* und unterrichtete dort Philosophie*. Er schrieb: Menschen dürfen unter keinen Umständen lügen.

entscheiden und beurteilen,
mit Gedanken spielen

Jeder Mensch macht Fehler

„Sei nicht traurig", tröstete Mama abends Leyla im Bett.
„Jeder Mensch macht Fehler", sagte sie und begann zu erzählen.
„Als ich so alt war wie du, stand in unserer Straße ein prächtiger Kirschbaum. Mit meiner Freundin Esra saß ich eines Tages im Baum. Wir aßen die dunkelroten Früchte und spielten Kirschkern-Zielspucken.
Ich konnte so genau zielen, dass die Kerne durch ein Fenster direkt auf einer weißen Bettdecke landeten. Leider kannte die Frau, die dort wohnte, meine Mutter sehr gut …"

- Heft nicht eingepackt
- Statt eines Spieles doch zwei Spiele am Computer
- Schicke Sommerjacke angezogen – im Winter
- Beim Toben Tuschwasser auf Toms Bild verschüttet

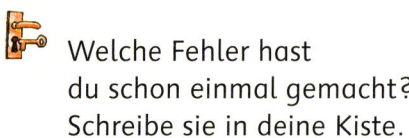
Welche Fehler hast du schon einmal gemacht? Schreibe sie in deine Kiste.

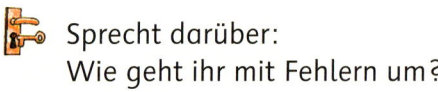
Sprecht darüber: Wie geht ihr mit Fehlern um?

argumentieren, Gespräche führen

Alles meine Freunde ...

Sophie ist sehr vergesslich
und Tobi ist es nicht.
Da ist es unerlässlich,
dass man darüber spricht.
Tom fängt schnell an zu brüllen
beim Spielen und beim Streit.
Marie lässt ihm den Willen.
Als Erste sie verzeiht.
Sein Taschengeld verwalten,
das kann der Ludwig nicht,
doch wird er immer halten,
was er uns mal verspricht.

Das alles, das sind Freunde,
die besten, die ich kenn.
Und alle machen Fehler –
genau wie ich. Und wenn
wir miteinander toben
und fröhlich sind und schrei'n ...
Dann weiß ich, dass sie alle
die meinen auch verzeih'n.

 Welche Fehler deines
Freundes/deiner Freundin
machen dir nichts aus?

 Denkt gemeinsam nach: *Ein guter
Freund ist das Beste auf der Welt.*

Sprechen und verstehen

Sprache beruht auf Lauten und Zeichen (Verkehrszeichen, Buchstaben, Töne …). Damit können wir über die Welt nachdenken.

Durch Sprache entstehen Bilder im Kopf, z. B. bei Sprichwörtern.

- Findet die sieben Sprichwörter. Erklärt, was ihr darunter versteht.
- Erzähle ein eigenes Erlebnis, das zu einem Sprichwort passt.
- Sammelt Sprichwörter (Leporello, Ausstellung …).

Begriffe verstehen, argumentieren

- Welche Aussage(n) hat jedes Bild?
- Warum gibt es so viele Sprachen?
- Bildet Gruppen. Stellt mittels Zeichen dar: Frieden – Freundschaft – Zusammenarbeit
- Spielt folgendes Spiel: Überlegt euch einen Begriff und umschreibt diesen, ohne ihn zu nennen.

Die goldene Regel

Fünf gegen eins

Da sind wir wieder: Dennis, Pascal,
Veit, Igor und ich, Ivo, aus der 4c.
Und dort steht Eva ganz allein.
Ich weiß, was jetzt kommt.

Wir bilden einen Kreis.
Ganz nahe treten wir heran.
Und schubsen sie herum.
Ziehen sie am Zopf. Beschimpfen sie.
Lachen hämisch.

Wir haben dasselbe schon am
Dienstag gemacht. Ich frage mich:
Was hat sie uns eigentlich getan?

Und was tue ich jetzt? Sehe ich weg?
Hole ich Frau Franke? Laufe ich hin?
Helfe ich ihr? Dann sind wir zwei gegen vier …

Aber besser zwei als ganz allein …
Aber die sind stark … Aber … aber …

Dieser Satz beschreibt eine Regel, nach der Menschen handeln sollen.
Sie ist für viele Menschen so wichtig, dass sie ihr Leben danach ausrichten.

Was du nicht willst, dass man dir tu, das füg auch keinem andern zu.

 Stelle dir vor, du bist Eva. Keiner hilft dir. Wie fühlst du dich?

Empathie entwickeln

Eins gegen …

Da sind wir schon wieder.
Fünf Jungen aus der 4 c.
Und ich soll wieder mitmachen.
Wir umringen das Mädchen …
sie heißt Eva, glaub ich.
Ganz nahe treten wir an sie heran.
Eva hat Angst … das kann ich sehen.
Die vier prahlen:
„Schon dreimal haben wir ihr aufgelauert.
Die lässt sich alles gefallen."

Eva hat uns eigentlich nichts getan.

Ich bekomme einen leichten Stoß von Dennis.
„Los, fang an, schubse sie, beweise Mut",
zischt er.
Ich zögere noch …

Plötzlich ein Schmerz in meinem Gesicht.
Eva kratzt mich, beißt … ich schreie …
Und während ich wie versteinert dastehe,
flüchten die vier um die Ecke.

 Warum will Ivo nicht mitmachen?

 Spielt die Geschichte weiter.

Bei uns und anderswo

Wenn ich eine Wolke wäre

Wenn ich eine Wolke wäre,
Segelt' ich nach Irgendwo
Durch die weiten Himmelsmeere
Von Berlin bis Mexiko.
Blickte in die Vogelnester,
Rief die Katzen auf dem Dach,
Winkte Brüderchen und Schwester
Morgens aus dem Schlafe wach.

Wenn ich eine Wolke wäre,
Zög ich mit dem Wüstenwind
Zu den Inseln, wo die Menschen
Gelb und mandeläugig sind
Oder braun wie Schokolade
Oder mandarinenrot,
Wo die Kokosnüsse wachsen,
Feigen und Johannisbrot.

Mascha Kaléko

Kinder hier und anderswo

Ich heiße Ari und lebe mit meinen Eltern und Geschwistern in Finnland, das liegt in Nordeuropa. Mein Lieblingsessen sind Piroggen*, ein für Finnland typisches Essen. Meine Eltern mögen auch Fisch. Weil Finnland am Meer liegt, gibt es davon auch viel bei uns. Die Sprache, die man in Finnland spricht, heißt Finnisch. Eine typische Tradition in Finnland ist ein Besuch in der Sauna.

Mein Name ist Erdene und ich lebe mit meiner Familie in der Mongolei. Wir wohnen in einer Jurte, das ist ein großes, rundes Zelt. Bei uns gibt es viel Hammelfleisch und wenig Gemüse zu essen, weil Gemüse in der Mongolei nicht gut wächst. In der Mongolei kann es auch sehr kalt werden, dann tragen wir warme Mäntel und Stiefel mit gebogener Spitze.

 Und wie lebst du?
Schreibe über dein
Leben in Deutschland.
Was ist wichtig?
Was ist anders als
in anderen Ländern?
Was ist besonders?

Empathie entwickeln,
wahrnehmen und beschreiben

Spiele

Überall auf der Welt spielen Kinder miteinander Spiele.

Steinspiel aus Kenia

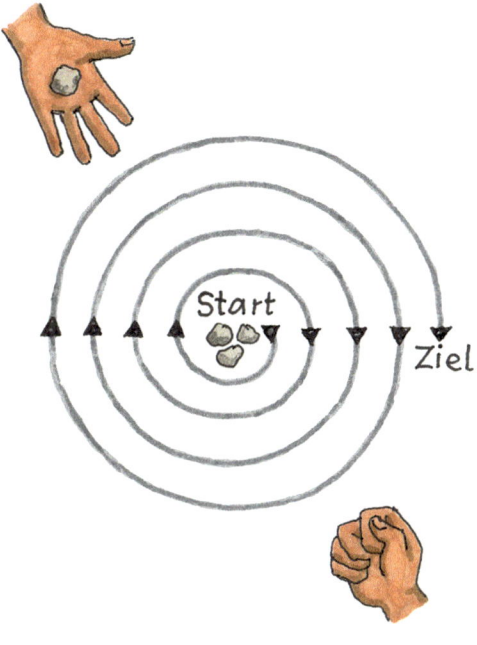

Bei diesem Spiel können drei bis vier Kinder mitspielen. In Kenia zeichnen die Kinder eine Spirale in den Sand. Jedes Kind erhält zwei Steine und legt einen Stein auf den Startpunkt. Den anderen hält es versteckt in einer Hand. Dann versucht das erste Kind zu erraten, ob der zweite Spieler seinen Stein in der rechten oder in der linken Hand hält.
Hat es richtig getippt, darf das Kind seinen Stein einen halben Kreis weitersetzen. Wenn nicht, ist der Nächste an der Reihe. Gewonnen hat das Kind, das mit seinem Stein zuerst am Ziel angekommen ist.

Zieh den Stuhl an – ein Spiel aus Panama

Bei diesem Spiel gibt es zwei Spieler und einen Spielleiter. Im Raum stehen zwei Stühle gegenüber. Den Spielern werden die Augen verbunden.
Alle anderen Kinder sitzen im Kreis um die Stühle herum und legen einen ihrer Schuhe in die Mitte. Der Spielleiter gibt das Startzeichen und die beiden Spieler suchen sich vier Schuhe zusammen. Diese ziehen sie den Stuhlbeinen ihres Stuhles an. Gewonnen hat das Kind, das zuerst seinen Stuhl angezogen hat und auf dem Stuhl sitzt.

 Spielt miteinander.

 Kennst du noch andere Spiele aus fernen Ländern?

wahrnehmen und beschreiben

Was ist das – eine Religion?

Schon immer suchten und suchen Menschen Antworten auf wichtige Fragen:

Wo kommen wir Menschen her?

Wie ist die Welt entstanden?

Gibt es einen Gott oder höhere Mächte, die über unser Leben bestimmen?

Leben wir nach dem Tod noch weiter?

Wie sollte man am besten leben und wie sollte man sich verhalten?

Judentum

Christentum

Buddhismus

Hinduismus

Islam

Antworten auf diese großen Fragen finden Menschen häufig in den Religionen. Gemeinsam ist allen Religionen der Glaube an eine höhere Macht, die das Leben lenkt.

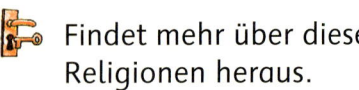 Findet mehr über diese Religionen heraus.

 Was bedeutet der Begriff „Religionsfreiheit"?

wahrnehmen und beschreiben, Begriffe verstehen

Eine Stadt – drei Religionen

Jerusalem gehört zu den ältesten Städten der Welt. Für Juden, Christen und Muslime ist es eine heilige Stadt. Sie kommen aus der ganzen Welt zusammen, um in Jerusalem zu beten und Gott nahe zu sein.

Juden pilgern zur Klagemauer.

Muslime kommen zum Felsendom.

Christen gehen zur Grabeskirche.

 Finde etwas über diese drei Heiligtümer heraus.

wahrnehmen und beschreiben, Gespräche führen

Judentum – Christentum – Islam

Religion	Symbol	Heilige Stätte
Judentum		
Christentum		
Islam		

 Bildet drei Gruppen. Jede Gruppe stellt eine Religion vor. Verwendet die richtigen Begriffe für die Fotos.

 Wo findet ihr in eurer Umgebung religiöse Spuren? Fotografiert oder zeichnet sie.

Wie heißt deine Religion?

Begriffe verstehen, Gespräche führen

Heilige Schrift	Geistlicher

Tora, Rabbi, Davidstern, Bibel, Halbmond und Stern, Kirche, Imam, Moschee, Koran, Pfarrer, Synagoge, Kreuz

Freiwillig etwas tun

Freiwillig auf etwas Schönes verzichten? Etwas nicht machen, das man gern tut? Das ist wirklich nicht einfach.

Und trotzdem verzichten viele Menschen auf etwas, woran sie gewöhnt sind oder das ihnen Freude bereitet.

Wir Muslime fasten einmal im Jahr. Dann essen und trinken wir einen Monat zwischen Sonnenaufgang und Sonnenuntergang nicht. Dieser Monat heißt Ramadan. Wir Kinder müssen aber nicht verzichten.

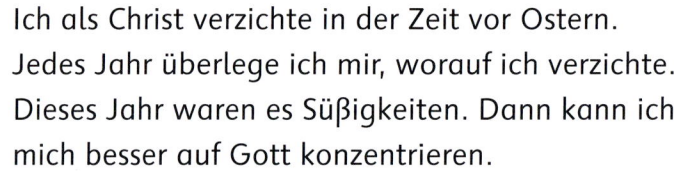

Ich als Christ verzichte in der Zeit vor Ostern. Jedes Jahr überlege ich mir, worauf ich verzichte. Dieses Jahr waren es Süßigkeiten. Dann kann ich mich besser auf Gott konzentrieren.

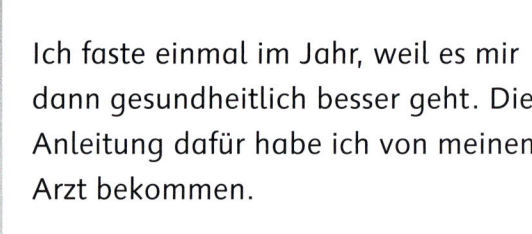

Ich faste einmal im Jahr, weil es mir dann gesundheitlich besser geht. Die Anleitung dafür habe ich von meinem Arzt bekommen.

Bei uns Juden gibt es mehrere Fastentage. Die meisten verzichten aber nur an Jom Kippur für 25 Stunden auf Essen und Trinken.

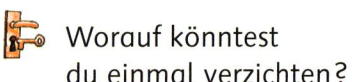
Worauf könntest du einmal verzichten?

40

Begriffe verstehen, mit Gedanken spielen

Hilfsorganisationen

Was machen wohl die vielen Menschen dort? Sie bilden ein rotes Kreuz. Das machen sie zum Geburtstag der Hilfsorganisation „Deutsches Rotes Kreuz".

Das Rote Kreuz wurde von dem Schweizer Henry Dunant vor mehr als hundert Jahren gegründet. Das Rote Kreuz in Deutschland hilft in vielen Bereichen wie Krankenhäusern, Altenheimen und bei Naturkatastrophen und in Krisengebieten.

Mittlerweile haben viele Länder diese Hilfsorganisation anerkannt. Dadurch sind die Mitglieder des Roten Kreuzes in Krisengebieten geschützt und können helfen. Viele Menschen arbeiten ehrenamtlich beim Roten Kreuz, das heißt, sie bekommen dafür kein Geld.

 Finde heraus, welche anderen Hilfsorganisationen es gibt.

 Erstelle ein Plakat: Bereiche, in denen Hilfsorganisationen arbeiten. Siehe auch im Internet unter: www.drk.de

Begriffe verstehen, wahrnehmen und beschreiben

Was ist gerecht?

Ein Klassenzimmer ohne Wände

Vor zwei Jahren noch hat Freshda im Winter jeden Tag gespielt. Der Schulunterricht fiel in den eisigen Monaten des Jahres aus – weil es für die Kinder zu kalt war, bei Minusgraden auf dem nackten Betonboden zu sitzen. Denn Tische und Bänke gibt es in ihrer Schule nicht. Das „Klassenzimmer" hatte auch keine Wände und nur eine Plane als Dach. In Freshdas Heimat Afghanistan* war 23 Jahre lang Krieg. Dabei

wurden über 7500 Schulen zerstört. Noch längst sind nicht alle wieder aufgebaut. Afghanistan gehört zu den ärmsten Ländern der Erde. In Freshdas Dorf wurde schließlich ein neues Schulhaus errichtet. Für Tische und Bänke hat das Geld zwar nicht gereicht, dafür wurden aber auf den Fußboden Teppiche gelegt. So sitzt es sich wenigstens warm und weich.

Christine Schulz-Reiss

 Warum freut sich Freshda, dass sie wieder in die Schule gehen darf?

 Was gehört für euch zu einem guten Leben? Sprecht darüber in der Klasse.

Freshda kann wieder in die Schule gehen. Dabei haben auch Kinder aus Deutschland geholfen, die Geld für Schulen in Afghanistan gesammelt haben.

Der amerikanische Philosoph John Rawls (sprich Dschon Rohls) findet das gerecht. Menschen sollten andere Menschen unterstützen, denen es nicht so gut geht. Denn alle Menschen haben das Recht auf ein gutes Leben.

Die Box der Ungerechtigkeiten

Jonas und Lara haben eine „Box der Ungerechtigkeiten" in ihrem Zimmer aufgestellt. In diese stecken sie im Laufe der Woche Zettel mit Ungerechtigkeiten. Ab und zu ziehen sie einen Zettel heraus und sprechen mit Mama und Papa darüber. Jonas möchte jetzt in seiner Klasse auch so eine Box aufstellen.

Box der Ungerechtigkeiten

- Mama meckert viel mehr mit mir als mit meiner kleinen Schwester.
- Meine Freundin Clara bekommt mehr Taschengeld als ich.
- Die Erwachsenen hören nie richtig zu, wenn Kinder ihre Meinung sagen.

 Was haltet ihr von Jonas´ Idee, in seiner Klasse eine „Box der Ungerechtigkeiten" aufzustellen? Begründet eure Meinung.

 Schreibe auf einen Zettel eine Ungerechtigkeit, die dir in der letzten Woche aufgefallen ist.

argumentieren, Begriffe verstehen

Für eine bessere Welt

Kinderrechte sind für den Schutz der Kinder gedacht. Menschenrechte sollen alle Menschen schützen, Große und Kleine.
Im Jahr 1948 wurde durch alle Mitgliedsländer der Vereinten Nationen (UNO*) die Allgemeine Erklärung der Menschenrechte unterschrieben. Die Menschenrechte sind unsere Rechte. Wir alle sollten sie kennen. Denn nur wer seine Rechte kennt, kann sie achten und für sie eintreten.

 Informiert euch über weitere Menschenrechte und sprecht darüber. Warum ist die Einhaltung dieser Rechte so wichtig? Werden die Rechte in unserem Land eingehalten?

 Diskutiert darüber, welche Rechte besonders bedeutend sind. Schaut auch im Internet unter:
www.amnesty-solingen.de
www.kinder.diplo.de

Robert erklärt das Recht auf Gleichheit für Kinder:

Gleichheit bedeutet: Mädchen und Jungen haben gleiche Rechte. Mädchen dürfen genauso lernen wie Jungen. Leider ist das nicht in allen Ländern so.

Wir in der Welt

Kleine Frage

Glaubst du
du bist noch zu klein
um große
Fragen zu stellen?

Dann kriegen
die Großen
dich klein
noch bevor du
groß genug bist.

Erich Fried

Wie ist die Welt entstanden?

Die biblische Schöpfungsgeschichte

Seit vielen tausend Jahren fragen sich Menschen, wie die Welt und das Leben entstanden sind. Viele glauben, dass es einen Gott gibt, der die Welt erschaffen hat. Diese Geschichte vom Anfang der Erde erzählt die Bibel:

Am Anfang machte Gott die Erde, die von Wasser bedeckt war. Er schuf das Licht und es entstanden Nacht und Tag.

Danach spannte Gott den Himmel mit den Wolken über die Erde.

Gott ließ das Land an manchen Stellen über das Wasser reichen. Nun gab es Erde und Meer und auf der Erde viele Pflanzen.

Gott macht nun Sonne, Mond und Erde.

Anschließend schuf Gott alle Tiere im Wasser, auf der Erde und in der Luft.

Zum Schluss formte Gott ein Wesen, das ihm ähnlich sein sollte. Er nannte es „Mensch".

Gott hatte alles sehr gut gemacht. Nun ruhte er sich aus.

Die Bibel spricht von sieben Tagen, an denen das geschehen ist. Findet heraus, wie das gemeint ist.

wahrnehmen und beschreiben

Der Urknall

Nele ist 9 Jahre alt und interessiert sich dafür, wie die Welt entstanden ist. Sie lässt es sich erklären:

„Am Anfang war der Urknall. Was vorher war, wissen wir nicht. Denn der Urknall war der Anfang von Zeit und Raum* für uns. Alles, was es heute gibt, war wie in einer winzigen, unendlich schweren Kugel ganz dicht zusammengedrängt. In einer gewaltigen Lichtexplosion vor ungefähr 15 Milliarden* Jahren flog alles in alle Richtungen auseinander. Das ist so, wie sich gezeichnete Punkte auf einem Luftballon voneinander entfernen, wenn man ihn aufbläst.
Das Universum* dehnt sich seitdem aus und kühlt sich ab. Bis heute tut es das. Zunächst ist es wie ein Brei aus verschiedenen kleinsten Teilchen mit komischen Namen wie Elektronen, Photonen oder Quarks (Erdbeersoße gab es damals noch nicht). Sie liegen chaotisch durcheinander wie die Buchstabennudeln in der Suppe.
Schon in der ersten Sekunde nach dem Urknall, als es etwas kälter wurde – also weniger als tausend Milliarden Grad heiß –, tun sich die Quarks* zusammen und werden zu Protonen und Neutronen*. Nach einer Minute werden daraus Atome*, aus denen später Moleküle werden. Es ist, als wenn die Buchstaben in der Suppe sich ordnen zu Silben, Wörtern, Sätzen, Geschichten, Büchern, Bibliotheken und anfangen, die Geschichte des Lebens zu erzählen ..."

Rainer Oberthür

www.dlr.de
www.helles-koepfchen.de
www.kindernetz.de/infonetz

 Erforscht weitere interessante Dinge über den Anfang der Welt und stellt eure Ergebnisse vor.
- Plakate
- Vorträge

 Findet Unterschiede zur Schöpfungsgeschichte aus der Bibel (siehe Seite 48). Gibt es auch Gemeinsamkeiten?

Begriffe verstehen, mit Gedanken spielen

Derselbe Sommer kommt nicht wieder

„Weißt du sicher, dass einmal wieder Frühling wird?",
fragt Babsy ihre Mutter, als sie durch die Stadt spazieren.
„Ja", sagt die Mutter. „Woher weißt du es?", will Babsy wissen.
„Es ist immer Frühling geworden."
5 Sie bleiben vor den Schaufenstern stehen und schauen sich
die Stiefel an und die Pelzmützen.
„Wo kriegen die Bäume die neuen grünen Blätter her?", fragt Babsy,
als sie durch den kleinen Park gehen.
„Sie kommen aus ihnen heraus", sagt die Mutter.
10 „So, wie die Gedanken aus dir herauskommen." „Hm", macht Babsy.
Die Mutter holt eine Tüte mit Brotkrumen aus der Tasche und sie füttern
die Enten, die über den Eisrand des Weihers herangewatschelt kommen.
„Im Sommer saß ein kleiner Junge mit einer Mundharmonika hier",
sagt Babsy. „Und auf der Bank die dicke Frau, die strickte.
15 Und dann war da noch der Hund – weißt du, der, der immer Löcher
gebuddelt hat. Wo sind die alle? Ich meine", setzt sie hinzu,
„wo ist der ganze Sommer?" Kommt er wieder?"
„Nein", sagt die Mutter, und sie lässt einen Schwan aus
ihrer Hand picken. „Derselbe Sommer kommt nicht wieder."
20 „Ist er einfach fort?", fragt Babsy.
Die Mutter nimmt Babsy an die Hand.
„Nein", erwidert sie. „Er ist nicht fort. Nichts, was gewesen ist,
ist einfach fort. Er ist in dir. Wenn du die Augen zumachst,
kannst du ihn sehen." Da schließt Babsy schnell die Augen.
25 Und wahrhaftig – alles ist grün!
Der kleine Junge spielt Mundharmonika, die dicke Frau sitzt
auf der Bank und der Hund buddelt Löcher. „Mm", meint Babsy.
„Wird das, was heute ist, auch morgen in mir drin sein?"
„Ja", sagt die Mutter.

Gina Ruck-Pauquèt

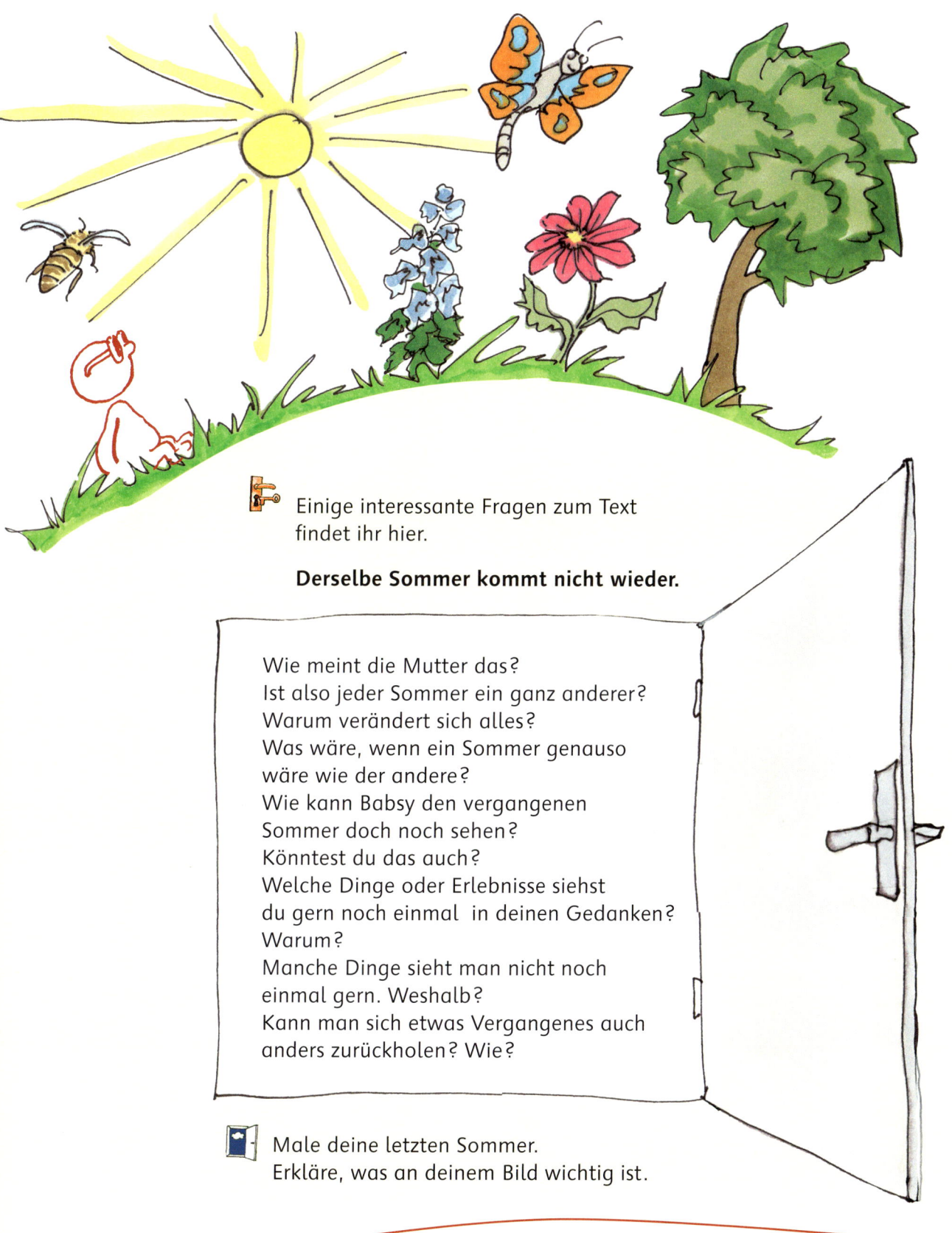

Einige interessante Fragen zum Text findet ihr hier.

Derselbe Sommer kommt nicht wieder.

Wie meint die Mutter das?
Ist also jeder Sommer ein ganz anderer?
Warum verändert sich alles?
Was wäre, wenn ein Sommer genauso wäre wie der andere?
Wie kann Babsy den vergangenen Sommer doch noch sehen?
Könntest du das auch?
Welche Dinge oder Erlebnisse siehst du gern noch einmal in deinen Gedanken? Warum?
Manche Dinge sieht man nicht noch einmal gern. Weshalb?
Kann man sich etwas Vergangenes auch anders zurückholen? Wie?

Male deine letzten Sommer.
Erkläre, was an deinem Bild wichtig ist.

Gespräche führen,
mit Gedanken spielen

Wer bestimmt über meine Zeit?

6–8 Uhr
Aufstehen, Waschen, Frühstück, zur Schule

8–10 Uhr
Unterricht, Frühstückspause

20 Uhr
Gute Nacht!

10–12 Uhr
Unterricht, Hofpause

18–20 Uhr
Abendessen, Waschen, im Bett noch lesen

12–14 Uhr
Mittagessen, Spielen mit Julia und Mehmet auf dem Schulhof

16–18 Uhr
Zimmer aufräumen, Fußballtraining

14–16 Uhr
Hausaufgaben erledigen, Mama oder Papa holt mich vom Hort ab.

Alex fragt sich, wer eigentlich darüber bestimmt, was er zu welcher Zeit tut. Manches entscheidet er selber. Bei anderen Dingen wird er gar nicht gefragt.

- Warum entscheiden oft andere Menschen über deine Zeit? Was würdest du davon gern selber entscheiden?

- Wie sieht ein normaler Wochentag bei dir aus? Stelle eine eigene Zeitkette zusammen.

wahrnehmen und beschreiben, entscheiden und beurteilen

Gemeinsam unterwegs

Text und Musik: Rolf Zuckowski
© MUSIK FÜR DICH Rolf Zuckowski OHG

Großmama stirbt

Als Robert von der Schule kommt, sieht er, dass Mama geweint hat. Robert will zu Großmama rennen, das tut er immer, wenn er aus der Schule kommt.
Aber Mama und Otto, sein Bruder, halten ihn zurück: „Du", flüstert Mama, „Großmama ist sehr krank."
„Ist sie tot?", sagt Robert. Er weiß gar nicht, warum er so etwas sagt. „Halt doch den Mund", sagt Otto.
Mama schluckt ein paarmal, bevor sie sagt: „Großmama wird wahrscheinlich sterben."
Robert dreht sich um und geht in sein Zimmer und holt die Eisenbahn heraus. Dann geht er wieder auf den Gang. Otto steht immer noch da. Er sieht finster und böse aus.
„Mama, ich will Großmama sehen", sagt Robert.
Mama zögert; dann nimmt sie Robert an die Hand und betritt Großmamas Zimmer. Für Robert ist es das schönste aller Zimmer. Das Bett steht heute nicht an der Wand, sondern es ragt ins Zimmer hinein. Robert sieht Großmama an.

„Großmama kann nicht mehr sprechen, sie hat einen Schlaganfall gehabt. Vielleicht kommt die Sprache wieder", sagt Mama.
Großmama hebt etwas die rechte Hand. „Sie hört sicher alles", denkt Robert und ergreift Großmamas Hand, die sehr kühl ist.
„Wir bleiben etwas bei ihr sitzen, damit sie nicht alleine ist."
Großmama atmet seltsam.
„Geh spielen, Robert. Morgen besuchst du sie wieder."
Robert streichelt Großmama noch einmal. Sie hat die Augen geschlossen.
„Lass sie doch", murmelt Otto.
Für Großmama hat es kein Morgen gegeben. Sie ist in dieser Nacht gestorben. Mama hat Robert und Otto gesagt: „Großmama ist tot."
„Wann kommt sie wieder?", will Robert wissen. „Sie kommt nie wieder."
Otto hat nichts gefragt und auch nichts gesagt. Mama weint, und Papa nimmt Mama in die Arme und sie weint weiter an seiner Schulter. Auch er sieht traurig aus.
Warum ist Großmama denn plötzlich tot? Warum war sie denn krank? Muss man denn immer sterben, wenn man krank ist?

Antoinette Becker

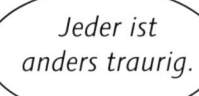

Jeder ist anders traurig.

Robert hat drei wichtige Fragen. Sprecht darüber.

Auf dem Friedhof

Julia und Fabian wollen mit ihrer Ethikgruppe den Friedhof im Ort besuchen. Sie haben sich gemeinsam darauf vorbereitet und wissen jetzt schon viel darüber.

 Besucht gemeinsam einen Friedhof in eurer Nähe. Bereitet euch gut darauf vor (Informationen sammeln, Fragebogen).

 Welche Regeln müsst ihr beachten?

Und danach: Was hast du erfahren? Welche Fragen hast du noch?

wahrnehmen und beschreiben, entscheiden und beurteilen

Der letzte Baum

Vor langer Zeit lebte einmal ein alter Mann in einem einsamen Häuschen weit abseits der Leute. Heimlich beobachteten die Jungen aus dem
5 Dorf immer wieder, wie der Alte in den Wald zog. Dort tat er Merkwürdiges. Er streifte umher und suchte dabei die verschiedensten jungen Bäumchen, welche er vorsichtig ausgrub. Dann
10 trug er sie nach Hause, wo er sie in dem großen Garten hinter dem Haus wieder einpflanzte. Dabei redete er mit den Bäumchen liebevoll und vertraut: „Nun, mein Guter, wie geht es dir heute?
15 Hast du dich an deinem neuen Platz schon eingelebt?", oder: „Brauchst du noch etwas Wasser, deine Blätter sehen heute so traurig aus …?"
So gingen die Jahre dahin. Eines Tages
20 kamen aus einem fernen Land reiche Händler in das Dorf. Sie breiteten auf dem Markt ihre Kostbarkeiten aus und die Leute fragten sich, was sie wohl für all das Wunderbare haben wollten.
25 „Wir wollen nichts Wertvolles dafür", sagte einer von ihnen. „Wir wollen nur Holz, also bringt uns Bäume, so viele ihr habt!"
Das ließen sich die Leute nicht zweimal
30 sagen. Sie zogen begeistert in den Wald und bald hörte man von früh bis spät das Krachen der umstürzenden Bäume. Die Holzstapel auf dem Markt wuchsen gewaltig, die Händler
35 schafften zufrieden ihre Ware weg und bald war wieder Platz für die nächsten Bäume.
So vergingen die Wochen. Die Dorfbewohner arbeiteten ohne Unter-
40 brechung vom frühen Morgen bis zum späten Abend und wurden reich und reicher.
Eines Tages zogen sie wie immer in aller Frühe mit ihren frisch geschärften
45 Werkzeugen los und gingen einen Hügel hinauf.
Da erstarrten sie plötzlich vor Entsetzen. Vor ihnen lag eine völlig unbekannte Gegend! Da, wo noch vor kurzem ihr
50 Wald stand, breitete sich die Wüste aus, trockener Sand wurde vom Wind hochgewirbelt und auch die Tiere und Vögel waren verschwunden. Nur ein einziger Baum, die mächtige alte Eiche,
55 stand noch und versuchte sich gegen den Sand zu stemmen.
„Was haben wir nur getan?", fragten sich die Leute erschüttert. „Wie können wir uns retten?" Und eine große
60 Ratlosigkeit machte sich breit.
Da fiel einem von ihnen der alte Mann mit seinem großen Garten ein …

 Welche Fehler haben die Leute begangen?
Woran könnte das gelegen haben?
Kann man diese Fehler wieder gutmachen?
Begründe deine Meinung.

 Kennt ihr andere Beispiele, in denen Menschen die schlimmen Folgen für die Umwelt nicht bedenken?

 Die Geschichte ist noch nicht zu Ende. Erzählt, schreibt oder malt.

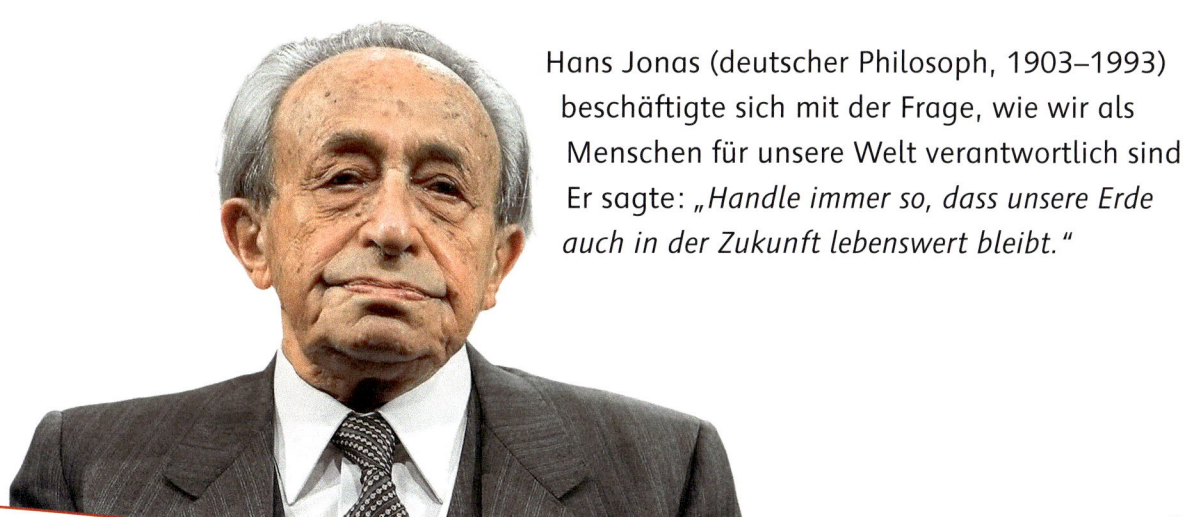

Hans Jonas (deutscher Philosoph, 1903–1993) beschäftigte sich mit der Frage, wie wir als Menschen für unsere Welt verantwortlich sind. Er sagte: *„Handle immer so, dass unsere Erde auch in der Zukunft lebenswert bleibt."*

Woraus besteht die Welt?

Feuer, Wasser, Erde, Luft

Jeder von uns weiß, was Feuer ist, und niemand muss uns erklären, wie Wasser schmeckt. Natürlich haben wir auch alle schon erlebt, wie sich zum Beispiel Luft anfühlt oder wie Erde aussieht. Aber dass aus diesen vier Elementen die ganze Welt bestehen soll?

- Hattest du schon einmal ein besonderes Erlebnis mit Feuer oder mit Wasser? Erzähle oder schreibe. Male ein Feuer- oder ein Wasserbild dazu.

- Gestalte ein Blatt oder fertigt gemeinsam ein Plakat an: Wasser ist Leben – Leben im Wasser – Feuer wärmt – Feuer verbrennt.

Begriffe verstehen, wahrnehmen und beschreiben

Vor mehr als 2000 Jahren haben die Philosophen in Griechenland darüber nachgedacht, woraus die Welt besteht. Einer meinte, aus Wasser, einer, aus Luft, und Empedokles sagte, dass sich die Welt aus allen vier Elementen zusammensetzt.

- Sammelt verschiedene Erden (Sand, Kies, Steine) und erkundet sie (sehen, riechen, fühlen, hören). Gestaltet eine Ausstellung.

- Luft kann man riechen. Wie kann man sie spüren? Kann man sie auch sehen oder schmecken?

- Welches Element ist am wichtigsten?

- Was wäre, wenn eines der vier Elemente fehlen würde?

Der Weg

Beppo, der Straßenkehrer, unterhält sich mit Momo. Er erzählt:
„Manchmal hat man eine sehr lange Straße vor sich.
5 Man denkt, die ist so schrecklich lang; das kann ich niemals schaffen, denkt man."

Er blickte eine Weile schweigend vor sich hin, dann fuhr er fort:
10 „Und dann fängt man an sich zu eilen. Und man eilt sich immer mehr. Jedes Mal, wenn man aufblickt, sieht man, dass es gar nicht weniger wird, was noch vor einem liegt. Und man strengt
15 sich noch mehr an, man kriegt es mit der Angst, und zum Schluss ist man ganz außer Puste und kann nicht mehr. Und die Straße liegt immer noch vor einem. So darf man es nicht machen."
20 Er dachte einige Zeit nach. Dann sprach er weiter:

„Man darf nie an die ganze Straße auf einmal denken, verstehst du? Man muss nur an den nächsten Schritt denken,
25 an den nächsten Atemzug, an den nächsten Besenstrich. Und immer nur wieder an den nächsten."

Wieder hielt er inne und überlegte, ehe er hinzufügte:
30 „Dann macht es Freude; das ist wichtig, dann macht man seine Sache gut. Und so soll es sein."

Und abermals nach einer langen Pause fuhr er fort:
35 „Auf einmal merkt man, dass man Schritt für Schritt die ganze Straße gemacht hat. Man hat gar nicht gemerkt wie, und man ist nicht mal außer Puste."
40 Er nickte vor sich hin und sagte abschließend: „Das ist wichtig."

Aus dem Buch „Momo"
von Michael Ende

 Was meint Beppo mit „Man darf nie an die ganze Straße denken"?

 Beppo meint, dass es wichtig für den Erfolg ist, Freude zu haben. Was denkst du darüber? Wofür ist Freude außerdem wichtig?

Begriffe verstehen, argumentieren

So viele Wege

Manchmal sprechen wir von einem „Weg" (Beppos Straße ist ja auch nichts anderes als ein breiter, befestigter Weg) und denken dabei an etwas ganz anderes. Hier sind ein paar Beispiele:

 Sprecht darüber, was mit diesen Wegen gemeint sein könnte. Findet noch andere „Weg"-Wörter. Was bedeuten sie?

 Suche dir einen Weg aus und schreibe oder erzähle eine Geschichte dazu.

Begriffe verstehen, mit Gedanken spielen

Glossar

Afghanistan:
Afghanistan ist ein armes Land in der Mitte Asiens mit vielen Bergen. Lange Jahre herrschte in Afghanistan Krieg und noch heute leben die Menschen dort in großer Unruhe. Vielen Menschen in dem Land geht es wegen des Krieges sehr schlecht.

Atome:
Alle Stoffe dieser Welt bestehen aus Atomen. Sie sind so klein, dass man sie nur mit einem sehr starken Mikroskop sehen kann.

Ethik:
Das Wort Ethik kommt aus Griechenland. Ethos heißt auf Deutsch gutes Benehmen oder das zu tun, was sich gehört. Die Ethik beschäftigt sich mit der Frage, wie Menschen ein gutes Leben führen können und was sie dafür tun müssen: zum Beispiel nicht lügen, gerecht sein und anderen Menschen keinen Schaden zufügen.

Heinzelmännchen:
Das sind kleine Kobolde, die im Verborgenen wirken. Siehe auch im Internet unter: www.blinde-kuh.de

Königsberg:
Eine Stadt in Russland. Sie gehörte vor dem Jahr 1945 zu Deutschland und wurde im 2. Weltkrieg stark zerstört.

Konflikt:
Das ist ein Gegensatz von einem Menschen gegenüber einem anderen Menschen oder einer Sache. Mindestens zwei Menschen haben also eine gegensätzliche Auffassung über etwas. Um den Konflikt auszutragen, wird z. B. gestritten. Das kann mit Worten geschehen (Gespräch, Diskussion, Meinungsstreit) oder körperlich (Kampf).

Milliarden (Abkürzung: Mrd.):
Das ist eine unvorstellbar große Zahl. Hier ein Beispiel: Jeder Mensch hat ungefähr 100 000 Haare auf dem Kopf. Man bräuchte also 10 000 Leute für eine Milliarde Kopfhaare.

Montage (sprich Montasche):
Arbeiter bauen Straßen, Fabriken, Brücken oder Gebäude. Viele bleiben die Woche über auf der Baustelle, weil der Weg zwischen zu Hause und dem Arbeitsplatz zu weit ist.

Pantomime:
Theaterspiel ohne gesprochene Worte

Philosophie:
Das Wort Philosophie kommt aus Griechenland. Philia ist die Liebe und Sophia die Weisheit. Jemand, der philosophiert, möchte mehr über die Welt wissen: woher sie kommt und wie sie sich weiterentwickelt und was wir Menschen tun können, damit wir uns auf ihr wohlfühlen.

Piroggen:
Mit unterschiedlichen Sachen (Fleisch, Quark, Kartoffeln, Pilze, Obst …) gefüllte Teigtasche

Protonen und Neutronen:
Daraus besteht der Kern eines Atoms. Es sind also noch kleinere Teilchen.

Quarks:
Quarks sind superkleine Teilchen. Aus ihnen sind zum Beispiel die Protonen und Neutronen aufgebaut.

Raum:
Als Raum kann man sich eine Art „Behälter" vorstellen, in dem etwas ist. Wir messen Räume in Länge, Breite und Höhe. Räume können sehr klein sein (ein Atom), aber auch unendlich groß (das Weltall). Am besten kennen wir uns mit mittelgroßen Räumen aus (auch die Schule ist ein „Raum").

Universum:
Anderer Name für das Weltall

UNO:
UNO ist eine Abkürzung und steht für die englischen Wörter „United Nations Organization". Die Übersetzung heißt „Vereinte Nationen". Sie wurde 1945 gegründet und hat als wichtigstes Ziel den Frieden und die Sicherheit auf der Welt. Heute gehören der UNO 193 Länder an – auch Deutschland. Die UNO hilft Menschen in Kriegsgebieten und in armen Ländern nach Naturkatastrophen und setzt sich für die Einhaltung der Menschenrechte ein.

Voliere:
Großer, vergitterter Vogelkäfig, der meist im Freien steht

Ethik 3

Grundschule

Schülerbuch für das 3. Schuljahr

Erarbeitet von:	Udo Balasch, Barbara Brüning, Thomas Trautmann
Erarbeitet auf der Grundlage von:	Udo Balasch, Ute Böhlig, Katharina Bruntsch, Ilka Thieler, Thomas Trautmann
Unter Beratung von:	Nurgül Altuntas (Idstein), Katharina Bruntsch (Dresden), Christine Rabehl (Koblenz), Ilka Thieler (Halle)
Redaktion:	Kirsten Pauli
Illustrationen:	Gabriele Heinisch
Bildredaktion:	Janin Hacker
Umschlaggestaltung:	Buchgestaltung+, Berlin und Cornelsen Design Berlin
Innenlayout:	Buchgestaltung+, Berlin
Technische Umsetzung:	Jutta Stindtmann, Berlin

Notensatz:
Susanne Höppner, Neukloster

Text- und Liedquellen:
S. 5: Richard Meier: Warum bin ich ich? Aus: Karin Schupp (Hrsg.): 200 kurze Geschichten. Lahr: Kaufmann Verlag 1999. © Rechte beim Autor. S. 7: Nach Roland-Simon Schäfer: Kleine Philosophie für Berenike. Reclam, Stuttgart 2001. S. 9: Gisela Braun, Dorothee Wolters: Das große und das kleine NEIN. Mülheim an der Ruhr: Verlag an der Ruhr GmbH 1991. S. 10: Kirsten Boie: Robin und Alex. Aus: Kirsten Boje: Kann doch jeder sein, will er will. Hamburg: Verlag Friedrich Oetinger GmbH 2010. S. 15: Gerald Jatzek: Wutsprüche. Aus: Hans-Joachim Gelberg (Hrsg.): Großer Ozean: Gedichte für alle. Weinheim, Basel: Beltz & Gelberg in der Verlagsgruppe Beltz 2006. S. 17: Nach Matthew Lipman /Martin Glatzel: Harry Stottlemeiers Entdeckung. Schroedel Schulbuchverlag GmbH, Hannover 1983. S. 19: Karlhans Frank: Du und ich. Aus: Karlhans Frank: Vom Dach die Schornsteinfeger grüßen mit Taucherflossen an den Füßen. München: F. Schneider Verlag 1987. S. 33: Mascha Kaléko: Wenn ich eine Wolke wäre? Aus: Mascha Kaléko/ Gisela Zoch-Westphal (Hrsg.): Die paar leuchtenden Jahre. München: Deutscher Taschenbuch Verlag 2003. S. 42: Christine Schulz-Reiss: So lebt die Welt. Bindlach: Loewe Verlag 2006. S. 45: Text: Sr. Jordana Schmidt OP, Musik: Reinhard Horn: Weißt du, was jedes Kind braucht? Aus: Echte KinderRechte. Das Lieder- und Projektbuch zu Kinderrechten von Markus Ehrhard, Reinhard Horn und Sr. Jordana Schmidt OP. Kontakte Musikverlag, Ute Horn, 59557 Lippstadt. S. 47: Erich Fried: Kleine Frage. Aus: Volker Kaukoreit (Hrsg.): Erich Fried Gesammelte Werke. Band 2: Gedichte. Berlin: Verlag Klaus Wagenbach 1993. S. 49: Rainer Oberthür: Neles Buch der großen Fragen. Eine Entdeckungsreise zu den Geheimnissen des Lebens. © 2002 Kösel-Verlag, München, in der Verlagsgruppe Random House GmbH. S. 50: Gina Ruck-Pauquèt: Derselbe Sommer kommt nicht wieder. Aus: Gina Ruck-Pauquèt: Opa, Kläff und Jonki. Ravensburg: Otto Maier Verlag 1971. S. 53: Text und Musik: Rolf Zuckowski: Gemeinsam unterwegs. © MUSIK FÜR DICH Rolf Zuckowski OHG. S. 54: Antoinette Becker: Großmama stirbt. Aus: Antoinette Becker, Elisabeth Niggemeyer: Ich will etwas vom Tod wissen. Ravensburg: Otto Maier Verlag 1989. (gekürzt). S. 60: Michael Ende: Der Weg. Aus: Michael Ende. Momo. © by Thienemann Verlag (Thienemann Verlag GmbH), Stuttgart/Wien. www.thienemann.de

Bildquellen:
Umschlagfoto: PROFIL Marek Lange, Berlin. S. 2+4/5: Vera Ortmann/PantherMedia.net (Schatten eines Kindes an einer Wand). S. 2+18/19: maigi/Fotolia.com (Zuschauer im Stadion). S. 3+32/33: Yulia Buchatskaya/Fotolia.com (Luftballons). S. 3+46/47: Stefan Schurr/PantherMedia.net (Vögel fliegend). S. 7: lagom/fotolia.com. S. 8: Joerg Krumm/fotolia.com (Fußgängerzone+ Zutritt für Unbefugte ...); Martina Berg/PantherMedia.net (Verbotsschild Spielplatz); Jan Schuler/fotolia.com (Sackgasse mit Untertitel); Kalle Kolodziej/fotolia.com (Betreten der Baustelle ...). S. 11: Nina Malyna/Shutterstock.com. S. 12: fotodesign-jegg.de/fotolia.com (Freudensprung); akg-images/Doris Poklekowski (Martha Nussbaum Porträtaufnahme, Berlin, 1.2.2002). S. 13: akg-images/© Succession Picasso/VG Bild-Kunst, Bonn 2013. Pablo Picasso „Taube mit Kind", 1901. S. 14: pete pahham/fotolia.com. S. 16: Relativity Lithograph by M.C. Escher - 1953 Germany / Mono Print pa picture alliance. Maurits Cornelis Escher: Relativiteit. S. 17: Janet Willing, Gotha. S. 20: Künstlerrechte & Einschränkungen: No distribution via subagents IAM/akg-images. Marie Bashkirtseff: Das Treffen. S. 21: Alexandre Dvihally/PantherMedia.net. S. 25: Kant,Immanuel/Portrait/Litho.19.Jh. Kant, Immanuel, Philosoph, Koenigsberg 22.4.1724 – ebd. 12.2.1804. - Altersportraet. - Lithographie, Anfang 19. Jh. E: picture-alliance/akg-images. S. 29: Shutterstock.com/kwanchai.c (Verbeugung); Thorsten Ruf/PantherMedia.net (Hände); Kathi Neudert/PantherMedia.net (Kind streckt Zunge raus und zeigt Vogel); Tanawat Pontchour/Shutterstock.com (Toilette); StijntS/Shutterstock.com (Schild am Flughafen). S. 34: Mika Heittola/Shutterstock.com (Junge); picture alliance/Bruno Morandi/Robert Harding World Imagery (Mädchen). S. 37: David Rafael Moulis/Shutterstock.com (Felsendom); Bernhard Richter/PantherMedia.net (Grabeskirche); Andrey Burmakin/Shutterstock.com (Klagemauer). S. 38: Mesut Dogan/Shutterstock.com (Davidstern); rSnapshotPhotos/Shutterstock.com (Kreuz); yencha/Shutterstock.com (Halbmond und Stern); Perig/Shutterstock.com (Synagoge); Bill Ernest/Fotolia.com (Kirche); bearliner/Fotolia.com (Moschee). S. 39: Polyanska Lyubov/Shutterstock.com (Thora); Maxim Godkin/Shutterstock.com (Bibel); Getideaka/Shutterstock.com (Koran); Design Pics/PantherMedia.net (Rabbi); OJO Images Ltd/Alamy Images (Pfarrer); KorayErsin/Fotolia.com (Imam). S. 40: ZouZou/Shutterstock.com (Junge oben); Image Source Plus/Alamy Images (Junge); Minerva Studio/Shutterstock.com (Mann); RimDream/Shutterstock.com (Junge). S. 41: picture alliance/dpa-Zentralbild/Britta Pedersen. S. 42: picture alliance/dpa/S. Sabawoon. S. 44: „Pfad der Menschenrechte", Amnesty-Gruppe Solingen, Illustrationen von Yayo Kawamura © Amnesty International S. 48: © Die Bibel für den Unterricht, ausgewählt und erläutert von Josef Quadflieg, Bilder von Rita Frind © 2013 Oldenbourg Schulverlage GmbH, München. S. 55: perseomedusa/PantherMedia.net (weltliche Anmutung); picture-alliance/Philippe Lissac/Godong; (arabische Schriftzeichen); Mariusz S. Jurgielewicz/Shutterstock.com (Grabstein mit Davidstern); Martina Berg/fotolia.com (Grabstein Kriegsgrab); Martina Berg/PantherMedia.net (Kreuz). S. 57: picture-alliance/dpa-Bildarchiv/Roland Witschel. S. 58: akulamatiau/fotolia.com (Streichholz); Sunshine Pics/fotolia.com (Vulkan); sharplaninac/fotolia.com (Wasserhahn); Gina Sanders/fotolia.com (Wasserfall). S. 59: Wolfgang Dufner/PantherMedia.net (Feld); khorixas/fotolia.com (Wüste); Franz Metelec/fotolia.com (Pusteblume).

www.cornelsen.de

Die Webseiten Dritter, deren Internetadressen in diesem Lehrwerk angegeben sind, wurden vor Drucklegung sorgfältig geprüft. Der Verlag übernimmt keine Gewähr für die Aktualität und den Inhalt dieser Seiten oder solcher, die mit ihnen verlinkt sind.

1. Auflage, 6. Druck 2024

Alle Drucke dieser Auflage sind inhaltlich unverändert und können im Unterricht nebeneinander verwendet werden.

© 2014 Cornelsen Schulverlage GmbH, Berlin
© 2019 Cornelsen Verlag GmbH, Berlin

Das Werk und seine Teile sind urheberrechtlich geschützt.
Jede Nutzung in anderen als den gesetzlich zugelassenen Fällen bedarf der
vorherigen schriftlichen Einwilligung des Verlages.
Hinweis zu §§ 60a, 60b UrhG: Weder das Werk noch seine Teile dürfen ohne eine
solche Einwilligung an Schulen oder in Unterrichts- und Lehrmedien (§ 60b Abs. 3 UrhG)
vervielfältigt, insbesondere kopiert oder eingescannt, verbreitet oder in ein Netzwerk
eingestellt oder sonst öffentlich zugänglich gemacht oder wiedergegeben werden.
Dies gilt auch für Intranets von Schulen und anderen Bildungseinrichtungen.

Druck: Mohn Media Mohndruck, Gütersloh

ISBN 978-3-06-083018-3 (Schülerbuch)
ISBN 978-3-06-083082-4 (E-Book)